MIEUX SE CONNAITRE

EN 10 POINTS

SELON G. PEREC

ET R. BARTHES

LAURENCE SMITS

Texte : **LAURENCE SMITS**
Mise en page : **LAURENCE SMITS**
Publication : **LAURENCE SMITS**
Couverture : **Canva**

Introduction

Ce guide fait suite aux deux premiers que j'ai déjà rédigés et qui sont toujours accessibles à la vente :

- Mieux se connaître en 10 étapes
- Mieux se connaître grâce à 10 tests de personnalité.

Pourquoi est-ce que je me lance dans cette série de guides pour « **Mieux se connaître** » ?
Pour la simple et bonne raison qu'il est très important d'apprendre à mieux se connaître. Surtout à notre époque de constante évolution et de perpétuels changements.
Il est nécessaire d'avoir le courage de vous connaître mieux, pour suivre l'évolution de la société. La vie est un grand défi. Vivre votre vie l'est tout autant, sinon plus.
Evoluer peut être inconfortable, mais nécessaire, surtout dans un monde en profonde et constante évolution.
Il est nécessaire d'avoir le courage de vous connaître mieux pour changer de vie, pour choisir votre cap.

La mission principale de chacune et de chacun est de réinventer sa vie. Comment fait-on pour que cela soit possible ?

Il faut avant tout vous donner du courage pour donner vie à vos talents, que vous refoulez depuis si longtemps sans doute.
Il faut avoir le courage de développer votre potentiel, de vivre de vos passions, d'écouter vos rêves et vivre de vos rêves.
C'est possible à qui veut l'entendre !

Dans la vie, on doit faire des choix, les assumer et en tirer des leçons pour mieux avancer.
Il est important aussi de faire la paix avec votre passé. C'est le meilleur moyen de ne pas gâcher le moment présent ou de redouter le futur.
Pour relever les défis qui s'annoncent devant vous, vous devez vous concentrer sur vos forces.
Le monde change. Il change très vite. Vous aussi, vous pouvez et vous devez changer.
Ça commence par mieux vous connaître.

Bienvenue sur le chemin du mieux-être en 10 points selon Georges Perec et Roland Barthes.

A l'issue de ces 10 points, vous verrez le merveilleux en vous grâce à ces deux auteurs.

Je vous souhaite la bienvenue sur le chemin du réenchantement.

> « N'oubliez jamais que vous avez en vous tous les rêves du monde » *(Fernando Pessoa)*

Qui-suis-je ?

Je suis professeure d'anglais depuis plusieurs décennies, proche de la retraite. Au fil de ces années dans le monde de l'éducation au contact d'adolescents, j'ai peaufiné mon leadership et ma connaissance de la psychologie.
Je me suis également formée dans ces différents domaines ces dernières années.
Depuis 2018, j'ai relevé un défi de taille pour moi : tenir un blog sur l'écriture : **LA PLUME DE LAURENCE**, www.laurence.smits.com.

Après avoir relevé ce défi, j'ai mis en place un atelier d'écriture en distanciel sur mon blog en 2019.
En 2020, j'ai écrit un livre pour aider toutes celles et ceux qui souhaitent écrire mais qui n'osent pas pour différentes raisons : ***299 CONSEILS POUR MIEUX ECRIRE***.

Pourquoi ce troisième guide pour mieux se connaître ?

Nous sommes toutes et tous dans un mouvement où nous voulons changer, évoluer. Cela peut prendre des formes différentes : dans notre vie personnelle, professionnelle, sur le plan physique ou mental.
Ma pratique du yoga et de la méditation depuis plus de 25 ans m'ont amenée à réfléchir sur l'être

humain dans sa globalité et à une conclusion évidente : pour évoluer, nous devons mieux nous connaître. Vous pouvez y parvenir en lisant des tonnes de livres de psychologie.

Vous pouvez aussi mettre en pratique les 10 points que je vous propose dans ce guide, pour développer votre singularité et comprendre pourquoi vous en êtes là aujourd'hui dans votre vie.

Si l'envie de poursuivre l'expérience de mieux vous connaître vous conduit vers des réflexions plus profondes, je serai heureuse de vous aider à travers mes séances de coaching personnalisé.

Contactez-moi à l'adresse suivante :

laplumedelaurence@gmail.com

Qui était Georges Perec ?

Georges Perec est né le 7 mars 1936 à Paris et il est décédé le 3 mars 1982. Il a été à la fois écrivain, verbicruciste, et membre de l'Oulipo à partir de 1967.
Il est surtout connu pour écrire à partir de contraintes d'écriture formelles, littéraires ou mathématiques.
Il a été un membre actif de l'Oulipo (Ouvroir de Littérature Potentielle), qui a regroupé, dès le début des années 1960, un petit groupe d'amoureux des lettres.
Ce groupe s'est créé en rupture avec le surréalisme et l'engagement de type sartrien. Voici la définition qu'en donnait **Raymond Queneau**, un des membres fondateurs :

« Nous appelons littérature potentielle la recherche de formes, de structures nouvelles et qui pourront être utilisées par les écrivains de la façon qui leur plaira ».

Le but de l'Oulipo, dès sa création, a été d'inventer des structures, des formes ou des contraintes nouvelles, susceptibles de permettre la production d'œuvres originales et de travailler sur des œuvres littéraires passées pour y retrouver les traces, parfois évidentes ou plus difficiles à déceler, de l'utilisation de structures, de formes ou de contraintes. L'Oulipo a considéré que les exigences arbitraires et les contraintes éveillaient et stimulaient l'imagination.

Georges Perec a publié son premier roman *Les Choses. Une histoire des années soixante* en 1965, grâce auquel il a reçu le prix Renaudot. Il a ensuite publié *Un homme qui dort* (1967) et *La Disparition*, (1969) premier roman oulipien qui élimine la lettre E purement et simplement pendant plus de 300 pages. C'est un roman lipogrammatique.

En 1975, il a publié *W ou le Souvenir d'enfance*, avec une écriture autobiographique fragmentaire.

Suit *La Vie mode d'emploi* en 1978, qui a remporté le prix Médicis. Dans ce roman, Georges Perec étudie la vie des différents habitants d'un immeuble.

En 2017, l'écrivain est entré dans la collection « La Pléiade ».

Il a toujours été un écrivain engagé, appuyant son oeuvre sur le réalisme. Il aime écrire sur le quotidien banal, pour travailler sa créativité, ce qu'il a appelé « l'infra-ordinaire ».

Georges Perec a réalisé une exploration minutieuse de ses souvenirs, à partir des quelques traces qui lui restaient. Il a aussi procédé à des accumulations. Par exemple, chaque chapitre des *Choses* ou de *La Vie mode d'emploi* commence par une histoire qu'il a réellement vécue.

Cet écrivain est un grand pourvoyeur de contraintes pour les ateliers d'écriture.

Qui était Roland Barthes ?

Roland Barthes est né le 12 novembre 1915 à Cherbourg et il est décédé le 16 mars 1980. Il a été philosophe, critique littéraire et sémiologue.
Il est l'un des principaux animateurs de post-structuralisme entre autres. Il a travaillé au ministère des Affaires étrangères, a enseigné au Collège de France à Paris.

Il a commencé à publier de courts textes dès le début des années cinquante. Il fait paraître son premier essai, *Le Degré zéro de l'écriture* en 1953. Puis *Mythologies* en 1957. Il a écrit 94 articles sur le théâtre, un autre de ses nombreux intérêts.
Les années 1970 ont été une période où il a intensément publié : *L'Empire des signes* en 1970, *S/Z* en 1970, *Roland Barthes par Roland Barthes* en 1975, *Fragments d'un discours amoureux* en 1977.

La grande théorie de **Roland Barthes** était que l'on ne connaissait jamais la réelle intention d'un auteur au travers de ses écrits.
Son ouvrage le plus connu reste *Mythologies*, dans lequel il décrit des mythes aussi divers que la Citroën DS, le catch, le visage de Greta Garbo, le steak frites, etc. En fait, dans ce livre, Roland

Barthes décrit le phénomène du mythe, conçu comme un outil d'idéologie, basé sur des croyances.

Point 1 selon Perec : raconter un souvenir à partir d'une photo de son enfance

Georges Perec a écrit « *W ou le Souvenir d'enfance* » en utilisant la photographie comme un des supports d'écriture. Son désir était de reconstituer son histoire à partir d'un élément. Ce livre est donc une œuvre autobiographique atypique. En effet, l'auteur fait appel à diverses techniques de représentation de soi.

Ces techniques ont permis de renouveler les habitudes littéraires en instituant de nouveaux supports d'écriture. **Georges Perec** invite à écrire autrement, à raconter différemment.

La photographie offre alors l'occasion d'expérimenter une nouvelle représentation de soi, tout en se confrontant à ses propres souvenirs.

Pour écrire autour de cette contrainte d'écriture, choisissez une photo de vous enfant qui vous plaît et/ou qui suscite des émotions en vous.

Ce jeu d'écriture peut prendre plusieurs formes. Vous pouvez imaginer un récit. Vous pouvez écrire un texte autobiographique. Vous pouvez expliquer pourquoi vous avez choisi ce support. Vous éluciderez ainsi le mystère de vos émotions. Vous pouvez raconter un souvenir à partir d'une photo de vacances ou de famille.

Si vous choisissez une photo de vous, votre texte peut commencer ainsi :

« *Je ne me souviens pas précisément de l'époque à laquelle la photo a été prise. Je ne me souviens même pas de la saison mais ...* ».

Pour vous aider à produire un texte, vous pouvez lire le « *Voile noir* » d'**Anny Duperey**, qui prend pour objet d'écriture une photo la représentant avec son père (photo en première de couverture de son roman)

> Oh ! Une **réminiscence** ? Un vague, très vague souvenir d'une sensation d'enfance : les maillots tricotés main qui grattent partout lorsqu'ils sont mouillés... Ce n'est pas le plus agréable des souvenirs mais qu'importe, c'en est au moins un.
> Et je suis frappée de constater encore une fois, en regardant sur ces photos les vêtements que nous portons ma mère et moi, que tout, absolument tout, à part nos chaussures et les chapeaux de paille, était fait à la maison. Jusqu'aux maillots de bain.
> Que d'attention, que d'heures de travail pour me vêtir ainsi de la tête aux pieds. Que d'amour dans les mains qui prenaient mes mesures, tricotaient sans relâche. Est-ce pour me consoler d'avoir perdu tout cela, pour me rassurer que je passai des années à fabriquer mes propres vêtements, plus tard ?
> Et puis qu'importe ces histoires de vêtements, de maniaquerie couturière, et qu'importe cette si vague réminiscence des maillots qui grattent, si fugitive que déjà je doute de l'avoir retrouvée un instant... Ce qui me fascine sur cette photo, m'émeut aux larmes, c'est la main de mon père sur ma jambe. La manière si tendre dont elle entoure mon genou, légère mais prête à parer toute chute, et ma petite main à moi abandonnée sur son cou. Ces deux mains, l'une qui soutient et l'autre qui se repose sur lui.
> Après la photo il a dû resserrer son étreinte, m'amener à plier les genoux, j'ai dû me laisser aller contre lui, confiante, et il a dû me faire descendre du bateau en disant "hop là", comme le font tous les pères en emportant leur enfant dans leurs bras pour sauter un obstacle.
> Nous avons dû gaiement rejoindre ma mère qui rangeait l'appareil photo et marcher tous les trois sur la plage. J'ai dû vivre cela, oui...
> La photo me dit qu'il faisait beau, qu'il y avait du vent dans mes cheveux, que la lumière de la côte normande devait être magnifique ce jour-là.
> Et entre mes deux parents à moi, si naturellement et si complètement à moi pour quelque temps encore, j'ai dû me plaindre des coquillages qui piquent les pieds, comme le font tous les enfants ignorants de leurs richesses.
>
> Anny DUPEREY, Le Voile Noir, 1992.

Raconter des souvenirs est bénéfique pour sa santé mentale. Selon des scientifiques néo-zélandais, le fait de raconter des souvenirs aurait un impact positif sur notre bien-être et notre santé mentale.

Qui n'a pas écouté ses parents et grands-parents rabâcher leurs souvenirs de jeunesse, tout en les trouvant barbants ?

Pourtant, selon une étude publiée par les chercheurs de l'Université d'Otago en Nouvelle-Zélande dans la revue *Journal of Research in Personality*, le fait d'écrire ses souvenirs ou de les raconter, voire les souvenirs de nos enfants, serait très bénéfique pour notre santé.

Ce fait de se souvenir diminuerait avec une certaine efficacité les symptômes de la dépression et augmenterait l'estime de soi.

Être capable de mettre des mots sur des moments décisifs de sa vie expliquerait comment ces événements du passé pourraient influencer notre présent, nous rendant plus armés psychologiquement face aux défis du quotidien.

Certes, les souvenirs que nous avons de notre enfance ne sont pas toujours heureux. Mais, si nous prenons l'habitude d'écrire certains de nos souvenirs, sachez que cette pratique développe considérablement les mémoires (nous avons plusieurs mémoires).

*Ecrire à partir d'un souvenir développe la mémoire sémantique, celle qui permet d'accumuler des connaissances au fil de nos expériences. Cette mémoire nous permet de nous souvenir du sens des mots, des couleurs, des odeurs, des nombres, de l'apparence, de la fonction des choses et des dates importantes, entre autres.

*Ecrire à partir d'un souvenir permet aussi de développer la mémoire épisodique. C'est celle qui nous permet de raconter des événements pendant une journée. Peu présente avant 2 ans, cette mémoire se développe surtout entre 2 ans et 7 ans.

*Ecrire à partir d'un souvenir permet de se reconnecter à soi à travers des expériences insolites, où on peut faire revivre les émotions vécues à ce moment-là. En garder une trace permet de les revivre et de ne pas les oublier.

Les souvenirs sont un cadeau précieux de la vie et une des plus belles preuves du passé. Il est important d'en conserver une trace et de les ancrer dans ses différentes mémoires. Cela peut devenir une source intarissable de douceur où nous pouvons, dès que le besoin s'en fait sentir, y recourir pour se remémorer des moments doux.

Point 2 selon Perec : les choses à faire avant de mourir

Quelques mois avant d'être emporté par un cancer, **Georges Perec** a listé les 37 choses à faire avant de mourir.
Nous sommes toutes et tous tentés, à un moment donné, de lister des choses agréables à faire, ou folles, voire marquantes, avant qu'il ne soit trop tard.

En février 1982, **Georges Perec** apprenait qu'il était atteint d'un cancer avancé du poumon. La maladie l'a emporté en mois d'un mois, le 3 mars de la même année.
Juste avant, en novembre 1981, dans l'émission *Mi-Fugue, mi-raisin* sur France Culture, l'écrivain de renom a dressé avec beaucoup de joie la liste des choses qu'il rêvait secrètement d'accomplir au cours de son existence. A ce moment-là, il ignorait que sa vie allait basculer.

Voici les 37 choses que Perec a énumérées :

Choses simples à réaliser :

1. Une promenade sur les bateaux mouches à Paris
2. Se décider à jeter un certain nombre de choses qu'il gardait sans savoir pourquoi il les gardait
3. Ranger sa bibliothèque une fois pour toutes
4. Faire l'acquisition de divers appareils électroménagers, tels qu'un lave-vaisselle, un lave-linge
5. S'arrêter de fumer

Choses liées à des désirs plus profonds de changement :

6. S'habiller de façon différente : porter une cravate, porter un costume trois pièces pour voir ce que cela ferait s'il changeait complètement de vêture
7. Aller vivre à l'hôtel à Paris, c'est un mode de vie
8. Ou aller vivre à la campagne
9. Aller vivre pendant assez longtemps dans une grande ville étrangère, par exemple Londres, Zurich ou Rome

Choses liées à des rêves de temps et d'espace :

10. Passer par l'intersection de l'équateur et de la ligne de changement de date (méridien de Greenwich en plein pacifique)
11. Aller jusqu'au cercle polaire
12. Vivre une expérience hors du temps : dans une grotte, sans point de repère du temps
13. Faire un voyage en sous-marin
14. Faire un long voyage sur un navire
15. Faire une ascension ou un voyage en ballon ou en dirigeable
16. Aller aux îles Kerguelen, à cause du nom, à cause de l'éloignement
17. Aller du Maroc à Tombouctou à dos de chameau en 52 jours, après avoir reçu une carte postale

Choses qu'il voudrait avoir le temps de découvrir :

18. Aller dans les Ardennes
19. Aller à Bayreuth pour le festival, Vienne ou Prague ou au Prado
20. Boire du rhum trouvé au fond de la mer, comme le capitaine Haddock dans *Le Trésor de Rackham le Rouge*
21. Avoir le temps de lire, notamment Henry James

22. Faire un voyage en France, peut-être en péniche

Choses qu'il aimerait apprendre

23. Trouver la solution du cube hongrois (rubik's cube)
24. Apprendre à jouer de la batterie
25. Faire du jazz
26. Apprendre une langue étrangère (l'italien, parce qu'il avait l'impression que cette langue serait plus simple)
27. Apprendre le métier d'imprimeur
28. Faire de la peinture

Choses liées à son métier d'écrivain, des projets, qui dépendent de lui :

29. Ecrire pour de tous petits enfants (entre 6 mois et 4 ans), ceux qui ne savent pas lire, des enfants à qui les parents lisent des histoires le soir
30. Ecrire un roman de science-fiction
31. Ecrire un scénario de film d'aventures dans lequel on verrait 5000 Kirghizes cavaler dans la steppe
32. Ecrire un vrai roman feuilleton
33. Travailler avec un dessinateur de bandes-dessinées
34. Ecrire des chansons

Chose qu'il aimerait faire mais il ne sait pas où elle se place :
   35. Planter un arbre, pour le regarder pousser

Choses impossibles, car impliquent des gens qui sont morts :
   36. Me saouler avec Malcom Lowry
   37. Faire la connaissance de Vladimir Nabokov

A votre tour de lister les choses que vous souhaitez faire avant la fin de votre vie. Vous pouvez en lister au moins 50. Ce genre de listes s'appellent aussi les *« Bucket Lists »*. L'objectif est de réaliser ces choses, peu à peu.

Vous vous apercevrez qu'en réfléchissant aux items de votre liste, vous allez réfléchir sur vous-même.

En fait, ce genre de listes est une invitation à vous prendre en main, à devenir pleinement acteur de votre vie.

Prenez ce genre d'outil comme un gouvernail : coucher sur le papier ce qui vous tient à cœur, des rêves que vous avez envie de réaliser, ça fait déjà du bien au moral, car vous vous dites que cela devient possible.

En fait, c'est la promesse d'une échappatoire à la vie quotidienne, à la monotonie des jours qui défilent et le symbole d'une expérience aux priorités renouvelées.

> « *Tout ce qui est écrit continue de vivre dans l'absence* », **Louis Aragon**

Pourquoi dresser ce genre de listes ?

- Parce que les paroles s'envolent et que les écrits restent, comme dit le proverbe. Vous pensez à beaucoup de choses. Si vous les écrivez, vous commencez à les faire vivre et vous ne les oublierez pas.

- Ecrire, c'est déjà donner de l'importance aux choses. C'est leur donner de la consistance et beaucoup d'importance. C'est le premier pas avant de passer à l'action.

- Dresser ce genre de listes va vous amener à faire du tri dans votre vie et d'y déceler ce qu'il y a d'essentiel. Alors, écrivez et réfléchissez.

- Dresser ce genre de listes va vous encourager à trouver des solutions, plutôt que des excuses pour ne rien faire, et donc éviter de procrastiner. Sans pousser vos rêves un peu plus loin que la simple idée, tout sera toujours trop tôt, trop tard, trop cher, trop loin, trop dangereux, trop culpabilisant, trop ... Rien n'est plus faux.

- Dresser ce genre de listes vous donnera de l'énergie et un horizon pour les jours de grisaille ou de froid.

- Parce qu'il n'est plus possible de subir cette procrastination dans laquelle vous vous êtes enfermé. Cela vous bloque et vous n'avancez plus dans votre vie.

- Le but n'est pas non plus de chercher à épater la galerie. Considérez votre 'bucket list' comme un voyage intérieur et comme le contrepied des attitudes égocentriques que l'on peut trouver sur les réseaux sociaux.

- Dans cet exercice, il s'agit surtout d'identifier les émotions que vous aimeriez connaître. Soyez donc précis dans vos souhaits. Essayez de les définir et de les exprimer le plus précisément possible.

- Votre 'bucket list' n'est pas figée et ne le sera jamais. Tout dépend de vous. Laissez-la évoluer avec vous. Elle est juste le portrait de vos envies à un moment donné.

- Prenez du temps pour vous consacrer à cette 'bucket list' Il n'y a aucun intérêt à la faire au coin de votre table en dix minutes.

- Etablir une 'bucket list' est un exercice particulièrement grisant. Cela redonne confiance en soi, car on se sent capable de faire des choses concrètes, au lieu de subir tout le temps.

Point 3 selon Perec : « je me souviens … »

« *Je me Souviens* » est un livre de **Georges Perec** publié en 1978. C'est un recueil de bribes de souvenirs, échelonnés, pour la plupart, entre sa 10e et sa 25e année, c'est-à-dire, entre 1946 et 1961.
L'ouvrage appartient au genre du fragment. Les souvenirs égrenés dans ce livre commencent tous par *« Je me souviens… »*, sauf un, et ils sont numérotés de 1 à 480.
Ces fragments courts, de quelques mots à quelques lignes, mêlent tous les thèmes : cinéma, objets quotidiens, actualités, souvenirs de famille, souvenirs d'école, littérature, etc. **Georges Perec** a écrit les souvenirs tels qu'ils lui revenaient à l'esprit.

Selon la présentation que fait Perec de cet exercice de mémoire, ces « *Je me souviens* » sont :

« Des petits morceaux de quotidien, des choses que, telle ou telle année, tous les gens d'un même âge ont vues, ont vécues, ont partagées, et qui ensuite ont disparu, ont été oubliées ; elles ne valaient pas la peine de faire partie de l'Histoire, ni de figurer dans les Mémoires des hommes d'État, des alpinistes et des monstres sacrés.

Il arrive cependant qu'elles reviennent, quelques années plus tard, intactes et minuscules, par hasard ou parce qu'on les a cherchées, un soir, entre amis ; c'était une chose qu'on avait apprise à l'école, un champion, un chanteur ou une starlette qui perçait, un air qui était sur toutes les lèvres, un hold-up ou une catastrophe qui faisait la une des quotidiens, un best-seller, un scandale, un slogan, une habitude, une expression, un vêtement ou une manière de le porter, un geste, ou quelque chose d'encore plus mince, d'inessentiel, de tout à fait banal, miraculeusement arraché à son insignifiance, retrouvé pour un instant, suscitant pendant quelques secondes une impalpable petite nostalgie.»

Voici quelques exemples de Georges Perec :

N° 2 - Je me souviens que mon oncle avait une 11CV immatriculée 7070 RL2.

N° 4 – je me souviens de **Lester Young** au Club Saint-Germain ; il portait un complet de soie bleue avec une doublure de soie rouge.

N° 42 – Je me souviens que je me demandais si l'acteur américain **William Bendix** était le fils des machines à laver.

N° 54 -Je me souviens que **Voltaire** est l'anagramme de Arouet L(e) J (eune) en écrivant V au lieu de U et I au lieu de J.

N° 87 – Je me souviens que *Caravan*, de **Duke Ellington**, était une rareté discographique et que, pendant des années, j'en connus l'existence sans l'avoir jamais entendu.

N° 95 – Je me souviens que dans le film *Knock on Wood*, **Danny Kaye** est pris pour un espion du nom de Gromeck.

N° 101 : Je me souviens des mousquetaires du tennis.

N° 105 : Je me souviens de « Bébé Cadum », (une publicité).

N° 110 : Je me souviens de **Paul Ramadier** et de sa barbiche.

N° 112 : Je me souviens que **Colette** était membre de l'Académie royale de Belgique.

N° 123 : Je me souviens que la violoniste **Ginette Neveu** est morte dans le même avion que **Marcel Cerdan**.

N° 125 : Je me souviens que **Khrouchtchev** a frappé avec sa chaussure la tribune de l'O.N.U.

N° 138 : Je me souviens que Jean Bobet – le frère du cycliste Louison – était licencié d'anglais.

N° 145 : Je me souviens que j'adorais *Le Bal des Sirènes* avec **Esther Williams** et **Red Skelton**, mais que j'ai été horriblement déçu quand je l'ai revu.

N° 148 : Je me souviens que **Fidel Castro** était avocat.

N° 152 : Je me souviens que **Warren Beatty** est le petit frère de **Shirley McLaine**.

N° 196 : Je me souviens que **Marina Vlady** est la sœur d'**Odile Versois**, et qu'elles sont les filles du peintre **Poliakoff**.

N° 211 : Je me souviens d'un fromage qui s'appelait *« la Vache sérieuse »* (*« la Vache qui rit »* lui a fait un procès et l'a gagné).

N ° 259 : Je me souviens que l'une des premières décisions que prit **De Gaulle** à son arrivée au pouvoir fut de supprimer la ceinture des vestes d'uniforme.

N° 268 : Je me souviens que, pendant son procès, **Eichmann** était enfermé dans une cage de verre.

N° 291 : Je me souviens que le premier film de **Jerry Lewis** et **Dean Martin** que j'ai vu s'appelait *la Polka des marins*.

N° 313 : Je me souviens de **Bourvil**. Je me souviens d'un sketch de **Bourvil** dans lequel il répétait plusieurs fois en conclusion de chaque paragraphe de sa pseudo-conférence : *« L'alcool, non, l'eau ferrugineuse, oui ! »*. Je me souviens de *« Pas si bête »* et du *« Rosier de Madame Husson »*.

Etc.

L'objectif premier du livre « *Je me souviens* » est d'inventer de nouvelles règles de composition poétique. **Georges Perec** a évoqué certains de ses souvenirs, parce qu'ils avaient laissé en lui leur marque indélébile et que la trace en est l'écriture. Ces « *je me souviens* » ne sont pas exactement des souvenirs, mais plutôt des petits morceaux du quotidien, des choses que, telle ou telle année, tous les gens d'un même âge ont vues, vécues, ont partagées, qui ensuite, ont disparu et ont été oubliées.

Il arrive pourtant que ces choses reviennent, quelques années plus tard, intactes et minuscules, par hasard ou parce qu'on les a cherchées, un soir entre amis. On pourrait penser que ces choses ne valent pas le peine de figurer dans un livre.

Pourtant, notre vie est faite de toutes ces choses : une publicité, une chanson, une image, dont on se souvient et qui est liée à un instant de notre vie, qui aurait pu paraître insignifiante et qui provoque, malgré tout, une légère nostalgie.

A votre tour de proposer une suite à cette formule « *Je me souviens* ». Ainsi, vous allez créer comme une boîte à souvenirs, vos souvenirs si précieux.
Je suis sûre que vous allez vous prendre au jeu et contaminer toute votre famille avec ces souvenirs.

Point 4 selon Perec : les lieux plus ou moins insolites où on a dormi

Cet inventaire des lieux façon **Perec** est issu de son livre « *Espèces d'espaces* » publié en 1974. L'écrivain a beau passer en revue les lits, les chambres, les appartements, les rues, les quartiers et les villes qu'il a connus et habités, l'espace reste pour lui un « doute ».
Georges Perec a cherché des lieux d'ancrage, lui pour qui la vision de l'espace a été vécu comme une cassure. Il exprime aussi son errance solitaire, passant d'un cadre à l'autre. L'écrivain raccroche chaque souvenir à un lieu.
Ecrire sur les lieux où on a dormi est une écriture autobiographique. C'est aussi un travail de la mémoire, si chère à Georges Perec, qui disait injustement ne pas avoir de souvenirs d'enfance.

Voici ce que dit l'écrivain au sujet de *Lieux où j'ai dormi* :

« *Je garde une mémoire exceptionnelle, je la crois même assez prodigieuse, de tous les lieux où j'ai dormi, à l'exception de ceux de ma première enfance – jusque vers la fin de la guerre – qui se confondent tous dans la grisaille indifférenciée d'un dortoir de collège. Pour les autres, il me suffit simplement, lorsque je suis couché, de fermer les yeux et de penser avec un minimum d'application à un lieu donné pour que presque instantanément tous les détails de la chambre, l'emplacement des portes et des fenêtres, la disposition des meubles, me reviennent en mémoire, pour que, plus précisément encore, je ressente la sensation presque physique d'être à nouveau couché dans cette chambre.* »

Ainsi, la description de la petite pièce où Perec vivait durant son séjour anglais à l'âge de dix-huit ans, juste après avoir réussi le bac, accumule les détails spatiaux :

« *Lorsque l'on ouvre la porte, le lit est presque tout de suite à gauche. C'est un lit très étroit, et la chambre aussi est très étroite (à quelques centimètres près, la largeur du lit plus la largeur de la porte, soit guère plus d'un mètre cinquante) et elle n'est pas beaucoup plus longue que large. Dans le prolongement du lit, il y a une petite armoire penderie. Tout au fond, une fenêtre à guillotine.* »

Ecrire sur soi revient à repousser les frontières et à se replonger sans ses souvenirs.

A la suite de cet inventaire de lieux où Georges Perec a dormi, il a écrit quelques lignes de description sur ce lieu. Voici ce que dit l'écrivain sur ce thème :

« L'espace de notre vie n'est ni continu, ni infini, ni homogène, ni isotrope. Mais sait-on précisément où il se brise, où il se courbe, où il se déconnecte et où il se rassemble ? On sent confusément des fissures, des hiatus, des points de friction, on a parfois la vague impression que ça se coince quelque part, ou que ça éclate, ou que ça cogne. Nous cherchons rarement à en savoir davantage et le plus souvent nous passons d'un endroit à l'autre, d'un espace à l'autre sans songer à mesurer, à prendre en charge, à prendre en compte ces laps d'espace. Le problème n'est pas d'inventer l'espace, encore moins de le réinventer (trop de gens bien intentionnés sont là aujourd'hui pour penser notre environnement...), mais de l'interroger, ou, plus simplement encore, de le lire ; car ce que nous appelons quotidienneté n'est pas évidence, mais opacité : une forme de cécité, une manière d'anesthésie. C'est à partir de ces constatations élémentaires que s'est développé ce livre, journal d'un usager de l'espace. »

Inventaire de Georges Perec sur les lieux où il a dormi :

« C'est sans doute parce que l'espace de la chambre fonctionne chez moi comme une madeleine proustienne (sous l'invocation de qui tout ce projet est évidemment placé : il ne voudrait rien être d'autre que le strict *développement des paragraphes 6 et 7 du premier chapitre de la première partie (Combray) du premier volume (Du côté de chez Swann) de À la recherche du temps perdu, que j'ai entrepris, depuis plusieurs années déjà, de faire l'inventaire, aussi exhaustif et précis que possible, de tous les Lieux où j'ai dormi. À l'heure actuelle, je n'ai pratiquement pas commencé à les décrire ; par contre, je crois les avoir à peu près tous recensés : il y en a à peu près deux cents (il ne s'en ajoute guère plus d'une demi-douzaine par an : je suis devenu plutôt casanier). Je ne suis pas encore définitivement fixé sur la manière dont je les classerai. Certainement pas par ordre chronologique. Sans doute pas par ordre alphabétique (encore que ce soit le seul ordre dont la pertinence n'a pas à être justifiée). Peut-être selon leur disposition géographique, ce qui accentuerait le côté " guide " de cet ouvrage. Ou bien, plutôt, selon une perspective thématique qui pourrait aboutir à une sorte de typologie des chambres à coucher :*

1. Mes chambres
2. Dortoirs et chambrées
3. Chambres amies
4. Chambres d'amis
5. Couchages de fortune (divan, moquette + coussins, tapis, chaise-longue, etc.)
6. Maisons de campagne

7. Villas de location
8. Chambres d'hôtel
   a) hôtels miteux, garnis, meublés
   b) palaces
9. Conditions inhabituelles : nuits en train, en avion, en voiture ; nuits sur un bateau ; nuits de garde nuits au poste de police ; nuits sous la tente, nuits d'hôpital ; nuits blanches, etc.

Dans un petit nombre de ces chambres, j'ai passé plusieurs mois, plusieurs années ; dans la plupart, je n'ai passé que quelques jours ou quelques heures ; il est peut-être téméraire de ma part de prétendre que je saurai me souvenir de chacune : quel était le motif du papier peint de cette chambre de l'Hôtel du Lion d'Or, à Saint-Chely-d'Apcher (le nom - beaucoup plus surprenant quand il est énoncé que lorsqu'il est écrit - de ce chef-lieu de canton de la Lozère s'était, pour des raisons que j'ignore, ancré dans ma mémoire depuis ma classe de troisième et j'avais beaucoup insisté pour que nous nous y arrêtions) ? Mais c'est évidemment des souvenirs resurgis de ces chambres éphémères que j'attends les plus grandes révélations. »

Je vous propose de retrouver 10 lieux dans lesquels vous avez dormi, en fournissant un détail significatif sur ce lieu. Il est question ici de retrouver les sensations liées à ce moment, celui où vous avez dormi dans ce lieu.

Voici mes 10 lieux où j'ai dormi :

1. Ma chambre d'adolescente, avec le papier peint de couleur orange
2. Le bateau de croisière entre Toulon et Ajaccio
3. Le complexe hôtelier à Tenerife aux îles Canaries
4. Chez mes amis à Londres
5. Chez mes grands-parents dans la campagne picarde, à proximité d'une ferme
6. A l'auberge de jeunesse à Vienne en Autriche
7. Dans le train de nuit reliant Poitiers à Madrid
8. Dans la maison de vacances au Vaulmier dans le Cantal
9. Dans ma tente de camping dans divers endroits en France
10. Dans le train de nuit reliant Bordeaux à Antibes avec toute une classe.

Voici le texte que j'ai écrit à partir d'un de ces lieux :

A partir de Bordeaux, un périple de nuit nous attend – ma collègue, moi et quinze élèves d'une classe que nous amenons à Antibes participer à un échange. Douze places de train couchette nous attendent, pour atteindre la côte méditerranéenne. Un wagon entier nous est réservé, à raison de quatre couchettes par compartiment.
Ma collègue et moi dormons dans le compartiment du milieu avec deux élèves, afin de rassurer la petite troupe au cas où. Etant plus sportive que Catherine, je choisis de fait la couchette du haut. Mais, le lit est replié. Je touche partout à la recherche d'un bouton, en espérant que la magie va opérer. Rien. Rien ne bouge.
Nous sommes balancées par le roulis du train qui a commencé son parcours. Je me cogne partout, ayant perdu l'équilibre, ce qui provoque l'hilarité chez les plus jeunes occupantes du compartiment. Ne comprenant rien à mon installation et trop fatiguée pour réfléchir, je fais appel à un employé, qui, gentiment, nous aide à déployer notre couche. Pas facile non plus de faire le lit en hauteur tout en gardant son équilibre. J'ai l'impression de devenir funambule.
Une fois les affaires de nuit sorties, la dîner au wagon-restaurant avalé, la nuit la plus épique de ma vie commence. J'avais vraiment envie de

dormir. Je venais de déménager, et la fatigue du trimestre se faisait sentir. Allongée sur ma couchette de fortune, peu confortable et impersonnelle, le roulis du train avançant lentement, bruit continu dans les oreilles, et me berçant quelque peu, Morphée commence à me tendre les bras quand Mélissa prend le relais du roulis. Un flot ininterrompu de paroles débité de manière saccadée vient heurter mon tympan engourdi. Toutes les conditions sont pourtant réunies pour s'assoupir : rideau tiré, lumières éteintes, calme relatif.

Néanmoins, deux bruits persistent : le bruit de ferraille des roues du train et les histoires de mon élève. Deux choses me gênent : la promiscuité et le manque de place. Je n'ai pas fermé l'œil un seul instant de la nuit, pourtant bien longue.

Personne n'a dormi, malgré nos protestations, nos 'chut' persistants, nos menaces de représailles. Quatre personnes dans un espace aussi réduit, cela met les nerfs à rude épreuve. J'ai chaud, j'ai soif, je bouge. Je n'ai pas beaucoup de place. La nuit est très longue, interminable. Je me demande pourquoi l'option 'avion' a été délaissée. J'en veux à Mélissa de ne pas me laisser un moment de repos.

Mon cerveau embrouillé capte de loin en loin les discussions. Quand je commence à m'assoupir, mon élève me secoue, et le même scénario se répète, jusqu'au petit jour.

L'écriture intime possède des vertus libératrices. C'est une façon simple de prendre de la distance avec un souvenir, pas toujours heureux, ou un événement.
Quand vous avez quelque chose sur le cœur, quand vous avez une pensée qui vous fait mal, écrivez sur un de vos souvenirs à la manière de Perec. Vous vous libèrerez le mental à pratiquer ce genre d'exercices.
Ecrire ressemble fort à une forme de méditation. Plus on se libère des choses qui nous étreignent, meilleures sont nos santés mentales et psychiques. Certains courent des marathons, d'autres écrivent…

Point 5 selon Perec : parler de soi avec des verbes à l'infinitif

Cet exercice d'écriture pour apprendre à se connaître mieux peut paraître singulier de prime abord. **Georges Perec** s'est beaucoup amusé avec la langue française.
Voici un poème qu'il a composé uniquement avec des verbes à l'infinitif, dans son livre *« Espèces d'Espaces »* en 1974

Déménager

Quitter un appartement.
Vider les lieux.
Décamper.
Faire place nette.
Débarrasser le plancher.
Inventorier, ranger, classer, trier.
Éliminer, jeter, fourguer.
Casser.
Brûler.
Descendre, desceller, déclouer, décoller, dévisser, décrocher. Débrancher, détacher, couper, tirer, démonter, plier, couper. Rouler.
Empaqueter, emballer, sangler, nouer, empiler, rassembler, entasser, ficeler, envelopper, protéger, recouvrir, entourer, serrer.
Enlever, porter, soulever.
Balayer.

> *Fermer.*
> *Partir.*
>
> *Georges Perec*

Vous pouvez parfaitement reproduire ce procédé d'écriture sur une autre thématique :

- Voyager
- Faire ses courses
- Fêter son anniversaire
- Ses activités le matin
- Partir en vacances
- Être en vacances
- Pratiquer son sport
- Le métier que l'on exerce
- Etc.

Cet exercice peut paraître difficile, mais cela reste de la création. Et la création, c'est bon pour notre cerveau. C'est bon pour notre bien-être.
Si on lit le poème de Perec vite, le déménagement paraît être une nouvelle aventure. A l'inverse, si on lit le poème lentement, le déménagement devient un déchirement.
Cela signifie que l'on met des émotions derrière tout acte de la vie et que les mots retranscrivent ces émotions.
Il est donc toujours bon de retranscrire les émotions qui nous envahissent au quotidien, qui

pullulent dans nos souvenirs et qui finissent par encrasser notre cerveau.

Vous l'aurez compris, écrire une poésie avec des verbes à l'infinitif n'est qu'un prétexte pour parler de soi, ce dont nous avons toutes et tous du mal à faire.
En règle générale, nous n'aimons pas parler de nous. Nous sommes plus forts pour parler des autres, mais se regarder dans le miroir est une tâche autrement plus ardue.

Vous pourriez m'objecter : parler de soi, d'accord, mais pourquoi et comment ?
Considérez que parler de soi est une expérience humaine riche en émotions. Il n'est nulle question ici de se vanter ou de flatter son ego. C'est en général le discours que l'on entend.
Parler de soi en utilisant des verbes à l'infinitif va vous obliger à vous trouver des talents, d'évoquer ce que vous aimez faire, les personnes avec lesquelles vous aimez vous retrouver, …
Parler de soi, de toute façon, c'est aussi reconnaître que nous avons toutes et tous de la valeur. Parler de soi reconnecte avec une partie de soi bien enfouie, qu'on laisse rarement revenir à la surface, même avec les personnes les plus intimes.
Parler de soi, surtout devant les autres et dans certaines occasions, peut vite devenir une source de stress. Nous avons du mal à exprimer ce qui est

en nous. C'est normal ; nous sommes peu habitués à le faire.

C'est la raison pour laquelle je vous propose quelques petits exercices d'écriture pour mieux vous connaître. Cela peut vite se révéler être un exercice difficile, voire insurmontable.

Ecrire sur soi, quelle que soit la forme que nous choisissons, permet de prendre le temps de s'isoler avec soi-même et de laisser émerger ce qui vient. Reformuler ce que nous avons vécu, senti, est une manière de digérer son passé et d'insister sur la personne que nous sommes devenue.

L'écriture, d'une manière générale, est un chemin spirituel pour partir à la rencontre de soi.

Point 6 selon Perec : faire l'inventaire de sa vie

Georges Perec, sa vie durant, a tenté de remettre le quotidien dans un contexte extraordinaire, comme un infatigable explorateur. Il a repensé le quotidien dans ses livres. Il a dévoilé ce qu'il a appelé *« l'infra-ordinaire »,* tout en y ajoutant des prouesses stylistiques et en jouant avec la langue française.
Dans *« La Vie mode d'emploi »,* **Georges Perec** retrace, en 99 chapitres, la vie d'un immeuble, soit un chapitre par pièce, avec ses habitants présents ou passés, leur histoire et les objets qui remplissent les différentes pièces.
Dans ce roman, Perec exprime son goût prononcé pour l'inventaire. Il compile et dresse des listes d'objets hétéroclites, chaque chapitre commençant par une description minutieuse d'une pièce et de ses objets.

A vous donc de dresser l'inventaire de votre vie. Quelle aventure, me direz-vous ! Osez-la !
Vous pouvez commencer par écrire, en ajoutant quelques lignes de commentaires pour chaque rubrique :

- Sur les personnes que vous avez rencontrées dans votre vie.
- Sur les différents métiers que vous avez exercés.
- Sur les lieux où vous avez vécus.
- Sur les différents Noëls que vous avez passés, enfant et adulte.
- Sur les différents lieux de vacances où vous êtes allés.
- Sur les pays étrangers que vous avez visités.
- Sur les livres ou les films qui vous ont marqué.
- Sur les aliments que vous aimez ou pas.
- Sur vos activités ou les sports que vous pratiquez ou avez pratiqués.
- Les restaurants que vous avez testés.
- Etc.

En dressant différents inventaires, vous verrez votre vie défiler. Certes. Mais, cela vous permettra surtout de savoir où vous en êtes, à ce point précis de votre vie.

Ces inventaires de sa vie donnent le cap vers où se diriger pour poursuivre son chemin. Cela réduit l'anxiété et permet d'accepter plus facilement le quotidien, surtout si vous êtes dans une période de changement ou d'interrogation.

En dressant ces inventaires, vous vous rendrez compte aussi de tout ce que vous avez accompli dans votre vie. Cet exercice renforcera l'estime de soi indéniablement.

Ces inventaires vous permettront de voir plus loin, d'envisager ce qui vous reste à accomplir.

En plus d'être détressant, dresser ces inventaires est aussi bon pour la concentration, car vous êtes au calme.

Prenez un rendez-vous régulier avec vous-même, à la fréquence de votre choix, pour accomplir ces inventaires de votre vie.

Point 7 selon Barthes : j'aime/je n'aime pas

Roland Barthes, dans *"Roland Barthes par Roland Barthes ou Le démon de la totalité"*, publié en 1975, a dressé des listes de ce qu'il aimait et n'aimait pas.

Dans le livre cité ci-dessus, **Roland Barthes** se prête à l'exercice de l'écriture autobiographique. Il dresse de lui un autoportrait sans concession.

Il y évoque principalement son œuvre et sa vie intellectuelle, sans ménager une place importante à son enfance et quelques aspects plus intimes de sa vie.

Dans cette œuvre, l'auteur brosse son portrait par fragments, c'est-à-dire, en écrivant des textes courts.

Voici les *« J'aime et je n'aime pas »* de **Roland Barthes**, extraits du livre précité :

> **J'aime** : la salade, la cannelle, le fromage, les piments, la pâte d'amandes, l'odeur du foin coupé (j'aimerais qu'un « nez » fabriquât un tel parfum), les roses, les pivoines, la lavande, le champagne, des positions légères en politique, Glenn Gould, la bière excessivement glacée, les oreillers plats, le pain grillé, les cigares de Havane, Haendel, les promenades mesurées, les poires, les pêches blanches ou de vigne, les cerises, les couleurs, les montres, les stylos, les plumes à écrire, les entremets, le sel cru, les romans réalistes, le piano, le café, Pollock, Twombly, toute la

> musique romantique, Sartre, Brecht, Verne, Fourier, Eisenstein, les trains, le médoc, le bouzy , avoir la monnaie, Bouvard et Pécuchet, marcher en sandales le soir sur les petites routes du Sud-Ouest, le coude de l'Adour vu de la maison du docteur L., les Marx Brothers, le serrano à sept heures du matin en sortant de Salamanque, etc.

> **Je n'aime pas** : les loulous blancs, les femmes en pantalon, les géraniums, les fraises, le clavecin, Miro, les tautologies, les dessins animés, Arthur Rubinstein, les villas, les après-midi, Satie, Bartok, Vivaldi, téléphoner, les choeurs d'enfants, les concertos de Chopin, l'orgue, M.A Charpentier, ses trompettes et ses cymbales, le politico-sexuel, les scènes, les initiatives, la fidélité, la spontanéité, les soirées avec des gens que je ne connais pas, etc.

Roland Barthes apporte le commentaire, après cet inventaire, que ce qu'il dit n'a aucune importance pour les autres, et que cela n'a pas de sens non plus.
Néanmoins, il sous-entend que les goûts sont anarchiques et différents d'une personne à l'autre.

Dans cet exercice autobiographique, l'on pourra noter la connivence entre **Roland Barthes** et **Georges Perec**, qui lui aussi, s'est prêté à ce genre d'exercice.
L'on pourra également noter que le cinéma s'est emparé de cette technique autobiographique. En effet, dans le célèbre film *« Le Fabuleux Destin d'Amélie Poulain »*, réalisé par Jean-François Jeunet en 2001, le père d'Amélie, ancien médecin

militaire, Raphaël Poulain dit ne pas aimer : *« surprendre sur ses sandales un regard de dédain, sortir de l'eau et sentir coller son maillot de bain ».* Mais, il aime *« arracher des grands morceaux du papier peint, aligner toutes ses chaussures et les cirer avec soin, vider sa boîte à utiles, bien la nettoyer, et tout ranger, enfin. »*
La mère d'Amélie, Amandine Fouet, institutrice, d'une nature instable et nerveuse dit ne pas aimer *« avoir les doigts plissés par l'eau chaude du bain. Être par quelqu'un, qu'elle n'aime pas, effleuré de la main, avoir les plis des draps imprimés sur la joue le matin. »* Mais, elle aime *« les costumes des patineurs artistiques sur TF1, faire briller le parquet avec les patins, vider son sac à main, bien le nettoyer, et tout ranger, enfin. »*

A votre tour de rédiger un texte à la manière de **Roland Barthes** où vous présenterez vos *« j'aime/je n'aime pas ».*

Cet exercice *« j'aime/je n'aime pas »* est un exercice d'introspection et d'affirmation. Il constitue tout simplement un inventaire de ses goûts et dégoûts.
Il me semble utile, de temps à autre, de dire ce que l'on aime et ce l'on n'aime pas, sans que l'on ait à expliquer quoi que ce soit.

Cet exercice permet donc de s'affirmer, de se découvrir, de mieux se faire connaître des autres, à travers les choses, les êtres, les actes, les situations que l'on recherche ou que l'on évite, que l'on apprécie ou pas.
Ne cherchez pas à présenter vos goûts d'une manière ordonnée. Laissez simplement la musique des mots insuffler en vous, laissez les images défiler.

Cet inventaire de ses goûts est aussi une façon de s'imaginer comme un individu.

Point 8 selon Barthes : écrire des anamnèses

« *J'appelle Anamnèse -mélange de jouissance et d'effort – que mène le sujet pour retrouver, sans l'agrandir ni le faire vibrer, une ténuité du souvenir* », **Roland Barthes**.
Le mot « *anamnèse* » est dérivé du grec ancien '*anamnêsis*', qui signifie littéralement « *action de se rappeler à la mémoire* ».

Selon l'auteur, une anamnèse est un essai d'écriture autobiographique d'un souvenir, rapporté à sa plus sobre narration.
L'anamnèse est donc un fragment, soit un texte court, sur un souvenir, important ou pas, insignifiant ou pas.

Voici quelques anamnèses de **Roland Barthes**, insignifiantes selon ses dires :

Au milieu de la grand'place de Moundou, des barbelés entourent trois cocotiers disposés en triangle. Des femmes en boubou errent à l'intérieur de l'enclos. À l'extérieur, des bicyclettes sont enchaînées aux barbelés.

Le billard électrique de chez Vidal clignote et sonne. Le claquement de ses parties gratuites couvre le sifflement du percolateur. Cinq billes coutent 20 francs.

Une odeur de poussière monte des sièges. Sur le pare-brise plat, une pancarte dit : 100.000 miles, 50 dollars.

Le chemin de caillebotis gravit la dune entre deux clôtures. Au sommet, le vent souffle et l'océan parait. Odeur de soleil, touché de bois, son de sable, goût de mer, image de vent. Eté.

Quand on ouvrait la porte, on entendait Oscar Peterson. Dans la fumée des cigarettes, éclairés par des bougies plantées sur des bouteilles vides, les couples se parlaient et s'embrassaient. A Saint Louis, c'était l'heure du cours de physique.

Un morceau du gâteau jouflu, doré et cannelé se désagrège doucement dans le thé de la cuillère. Marcel observe, goûte et se souvient.

Au goûter, du lait froid, sucré. Il y avait au fond du vieux bol blanc un défaut de faïence ; on ne savait si la cuiller, en tournant, touchait ce défaut ou une plaque du sucre mal fondu ou mal lavé.

Retour en tramway, le dimanche soir, de chez les grands-parents. On dînait dans la chambre, au coin du feu, de bouillon et de pain grillé.

Dans les soirs d'été, quand le jour n'en finit pas, les mères se promenaient sur de petites routes, les enfants voletaient autour, c'était la fête.

Une chauve-souris entra dans la chambre. Craignant qu'elle ne s'accrochât dans les cheveux, sa mère le prit sur son dos, ils s'ensevelirent sous un drap de lit et pourchassèrent la chauve-souris avec des pincettes.

Assis à califourchon sur une chaise, au coin du chemin des Arènes, le colonel Poymiro, énorme, violacé, veinulé, moustachu et myope, de parole embarrassée, regardait passer et repasser la foule de la corrida. Quel supplice, quelle peur quand il l'embrassait !

Son parrain, Joseph Nogaret, lui offrait de temps en temps un sac de noix et une pièce de cinq francs.

Quand vous consultez votre médecin, sans le savoir, il utilise des anamnèses, du genre :

- *Pourriez-vous décrire vos symptômes ?*
- *Depuis quand éprouvez-vous ces symptômes ?*
- *Les symptômes se sont-ils aggravés ou bien sont-ils constants depuis le début ?*
- *Existe-t-il des cas similaires dans votre famille ?*

A votre tour d'écrire des anamnèses, d'inspiration **Roland Barthes**. Les fragments de mémoire que vous allez écrire sont des souvenirs, mais sans lyrisme, vous l'aurez compris.

Ecrire des anamnèses est un exercice d'écriture sans débordement, sans émotion excessive. C'est un texte plutôt épuré.

Le but de ces anamnèses n'est pas du tout de développer les souvenirs dans leur entièreté, mais plutôt de s'attacher à un moment précis du souvenir.

Ces souvenirs anamnésiques sont réels, issus de votre propre vie et de votre propre expérience.

Mais, vous pouvez tout aussi bien imaginer des anamnèses fictives ; si vous en avez envie.

Pour compléter ces anamnèses, vous pouvez rajouter les détails suivants, pour en faire une scène à part entière :

- *Quand ce souvenir se passe-t-il ?*
- *A quel moment précis ?*
- *Où, à quel endroit ?*
- *Quelles sont les personnes présentes dans ce souvenir ?*
- *Quel est le décor ? Le paysage autour ?*
- *Quelle est l'ambiance ?*
- *Quel est le ressenti ?*
- *Quelles sont les sensations ? Les émotions ?*

Vous n'êtes aucunement obligé de retranscrire ce souvenir avec précision, ni dans la perfection. Vous pouvez aussi laisser votre esprit divaguer et inventer des détails.

Un souvenir ne peut jamais être vraiment précis, à vrai dire. Vous savez que plus le temps passe, plus nous modifions nos souvenirs et plus nous allons les oublier. Les souvenirs ont un côté un peu flou. Un souvenir n'est jamais l'exacte transcription de ce qui s'est réellement passé.

En réalisant cet exercice, ne cherchez pas à être dans la réalité du moment passé, mais restez dans la réalité présente.

Notez aussi comment ce souvenir se présente à vous. Par des mots ? Des images ? Des bruits ? Des odeurs ? Des personnes ?

Réfléchissez aussi à votre ressenti actuel, vos sensations physiques et psychologiques qui se dégagent de ce souvenir, au moment de l'écriture. Ecrivez autant d'anamnèses que vous avez envie. Il n'y a aucune limite.

L'écriture est une exploration de soi et une éclosion de son propre univers.

« *Car JE est un autre. Si le cuivre s'éveille clairon, il n'y a rien de sa faute. Cela m'est évident : j'assiste à l'éclosion de ma pensée : je la regarde, je l'écoute. …* », **Arthur Rimbaud.**

Point 9 selon Barthes : évoquer sa vie à partir de 2 photos

Vous allez choisir une photo de vous enfant et une photo de vous actuelle. De préférence, choisissez des photos qui éveillent en vous un souvenir heureux ou des émotions positives.
Dans ce point 9, en comparant les deux photos, il s'agit de vous poser les questions suivantes :

- Quelle femme ou quel homme suis-je devenu au fil du temps ?
- Comment ai-je évolué au fil des années ?
- Suis-je capable de définir la personne que j'étais et celle que je suis actuellement ?
- Est-ce difficile de m'observer ? Si oui, pourquoi ?
- Est-ce difficile de dresser un bilan sur moi-même ?
- Que s'est-il passé de positif entre ces 2 photos ? De négatif ?
- Comment ai-je rebondi, à la suite d'événements négatifs ou douloureux ?
- Comment ai-je réagi face à des événements positifs ?
- Quelle personnalité se dégageait de moi quand j'étais enfant ?

- Quels sont désormais mes traits de caractère principaux ?
- Comment les autres me voient-ils, d'après moi ?
- Comment je vois les autres ?
- Qu'est-ce qui me faisait peur quand j'étais enfant ?
- Qu'est-ce qui me fait peur maintenant ?
- Qu'est-ce qui me faisait plaisir quand j'étais enfant ?
- Qu'est-ce qui me fait plaisir à l'heure actuelle ?
- Qu'est-ce qui me faisait rêver quand j'étais enfant ?
- Qu'est-ce qui me fait désormais rêver ?
- Pourriez-vous devenir votre propre ami ? Si non, pourquoi ?
- Quel métier vouliez-vous exercer quand vous étiez enfant ?
- Quel métier exercez-vous à l'heure actuelle ? Aimez-vous ce métier ? Voulez-vous en changer ? Pourquoi ?
- Quel élève étiez-vous à l'école ?
- Quel collègue êtes-vous à l'heure actuelle ?
- Etes-vous satisfait de votre évolution depuis la photo de votre enfance ?
- Quel souvenir marquant gardez-vous de votre enfance ?

- Avec la photo de vous de maintenant, comment vous voyez-vous évoluer ?
- Quel événement marquant récent gardez-vous en mémoire ?
- Vous pardonnez-vous vos erreurs de jeunesse ? Vos erreurs de parcours ?
- Quelles leçons avez-vous apprises de vos erreurs ?
- Acceptez-vous votre enfance sans problème ? En gardez-vous des souvenirs heureux ? Si non, pourquoi ?
- Quelles étaient vos qualités quand vous étiez enfant ?
- Quelles sont vos qualités pour la femme et l'homme que vous êtes devenu ?
- Etes-vous devenu la femme ou l'homme que vous vouliez quand vous étiez enfant ?

Les questions auxquelles je vous propose de répondre touche à ce qu'il y a de plus profond en vous. On ne prend jamais le temps de faire un bilan sur soi-même, de réfléchir à qui on est vraiment.

Soyez honnête avec vous-même. Combien de fois avez-vous pris le temps de réfléchir sur vous-même ? A quand cela remonte-t-il la dernière fois que vous êtes entré en introspection sur vous-même ?

Je pense qu'il est primordial, vital même, régulièrement, de se remettre en question pour savoir où on se situe et où on veut aller. Il est impossible d'évoluer dans la société actuelle si on n'est pas capable de se remettre en question et de regarder sa vie par le bout de la lorgnette.
Il est toujours intéressant de faire un bilan de vie, notamment à des périodes charnières de sa vie. Cette démarche permet :

- *De cibler les désirs qui nous animent*
- *De mettre le doigt sur nos difficultés*
- *De déterminer nos objectifs pour l'année qui commence*
- *De dépoussiérer nos rêves*
- *De stimuler notre imaginaire*
- *D'élargir nos horizons.*

Je vous recommande, dans cet exercice, de ne pas être trop dur avec vous-même. Soyez plutôt bienveillant et indulgent avec vous-même. Le but n'est pas d'aller vous taper la tête contre les murs ou de brasser des idées noires, après avoir répondu aux questions. Il ne s'agit pas non plus de faire un examen de conscience sévère.
Il s'agit plutôt de faire le point et de réfléchir, de se poser, sans se juger, et en se faisant plaisir.
Personne ne fait le tour de sa vie au coin d'une table en quelques secondes. Pour que l'exercice soit efficace, vous devez bloquer du temps de

qualité dans votre agenda. Vous allez vous offrir un moment rien que pour vous, sans être dérangé. Dans cet exercice, vous l'aurez compris, vous allez pratiquer la gratitude envers vous-même. On a tous tendance à considérer les choses de manière négative.

Une fois l'exercice terminé, vous prenez du recul afin d'examiner votre parcours, les erreurs commises, les leçons apprises, les insatisfactions à régler, les désirs à combler, les projets à réaliser.

Faire le bilan de sa vie demande un peu d'humilité, une bonne dose d'introspection et du courage.

A partir de vos réponses, vous pouvez décider de 4 ou 5 actions que vous aimeriez réaliser prochainement, sans tout bouleverser dans votre vie.

Je ne peux que vous encourager à vivre cette introspection. Il vaut mieux réfléchir à ce que l'on désire vraiment plutôt que de faire des changements sur un coup de tête, pour éventuellement le regretter par la suite.

Pour évoluer, dans la vie, il convient de se fixer un échéancier à plus ou moins long terme, en tenant compte des circonstances de votre vie, de votre entourage proche et de vos désirs profonds, pour éviter de réagir dans l'urgence.

A certaines périodes de son existence, on peut avoir l'impression de passer à côté de sa vie. Ce guide pour mieux vous connaître vous permet d'éviter les crises, qui surviennent fatalement à certaines périodes charnières de notre vie.

Il faut avant tout éviter de tout reprocher aux autres. En dehors d'événements graves, les autres ne décident pas à notre place de notre parcours.

Nous choisissons notre vie, les chemins que nous empruntons, les gens qui nous accompagnent.

Point 10 selon Barthes : écrire des haïkus

Roland Barthes qualifiait les haïkus d'anti-poèmes, bien qu'il ne fût en rien un spécialiste de cette forme poétique. Pour écrire, Barthes notait patiemment, chaque jour, un tas d'idées. Puis, il travaillait ces notes pour leur donner une perfection littéraire.

Il voyait dans le haïku une préparation à l'écriture de romans, que l'on retrouve dans son livre *« La Préparation du roman »* publié à la fin des années 70.

Or, dans le haïku, la note se transcende en poème, en une forme consacrée par une longue tradition, d'origine japonaise, qui remonte au XIIe siècle, et toujours bien ancrée dans ce pays.

Un haïku constitue un modèle à la fois esthétique et éthique pour la personne qui souhaite écrire le présent. Il s'agit d'un poème de 3 « vers » de 5, 7 et 5 syllabes, qui met en scène un « je », un corps, des sensations, le monde dans l'instant où il apparaît.

Pour Barthes, le haïku entretient au quotidien le désir d'écrire, car ces courts textes sont vifs, nuancés, subtils et sensuels.

Roland Barthes a découvert le haïku au cours de ses trois voyages au Japon, en 1966, en 1967 et en 1968. Il consacre à cette forme poétique quatre des fragments de *« L'Empire des signes »*, paru en 1970. Il s'y intéressera toute sa vie.

« C'est une forme pour laquelle j'ai une admiration profonde, c'est-à-dire un désir profond », a-t-il déclaré en 1975.

Barthes définit ce qui l'émerveille dans l'écriture du haïku : c'est l'acte instantané. A leur origine, les haïkus étaient calligraphiés. L'écrivain évoque une *écriture alla prima : l'esquisse et le regret, la manœuvre et la correction ont également impossibles.*
Ecrire des haïkus s'apparente à une forme de liberté, de disponibilité et d'une attention flottante, qui permet de discerner le ténu, l'insignifiant.

Le haïku de **Bashô,** cité par Barthes, témoigne de l'impermanence de tout élément, la fulgurance de l'instant :

*« Comme il est admirable
Celui qui ne pense pas « la vie est éphémère »
En voyant un éclair ! ».*

Le haïku constitue une façon de vivre, qui se rapporte au bouddhisme zen et à son sens de l'impermanence. En tout cas, il ne se commente pas. Il se vit. Il ne décrit pas. Il ne raconte pas non plus, encore moins une anecdote.

Roland Barthes *a analysé les haïkus, sans jamais en avoir écrit lui-même. Il a aimé la simplicité et la profondeur de ces quelques vers, voire la perfection due à la brièveté elle-même.*
On serait tenté de conclure que l'écriture de haïkus se rapproche de l'écriture de fragments que Barthes pratiquait.

A votre tour d'écrire des haïkus. Il existe quelques règles de base à connaître :

- La première ligne comprend 5 syllabes
- La deuxième ligne comprend 7 syllabes
- La troisième ligne comprend 5 syllabes.

Il est bon à savoir que le haïku ne comporte pas forcément de rimes.
La deuxième règle à savoir porte aussi sur 2 autres piliers : le *kigo* et le *kireji*.

- Le *kigo* est un mot de saison, plaçant ainsi le *haïku* dans la réalité de l'auteur. Si le *kigo* était obligatoire dans les *haïkus* traditionnels, au fil du temps, certains auteurs se permettent d'utiliser d'autres allégories – ils sont toutefois minoritaires.

- Le *kireji* est une césure permettant de faire une pause dans la lecture du *haïku*. Il peut prendre diverses formes : cela peut être un adverbe ou un auxiliaire verbal. Il peut même se retrouver sous la forme d'un simple tiret.

La première étape quand l'on souhaite écrire des haïkus est de trouver l'inspiration. Rappelez-vous que ce poème fait appel à la nature ou à une saison. Prenez le temps d'observer la nature autour de vous, même si vous n'habitez pas à la campagne.

Parmi les éléments naturels auxquels l'on peut se référer, on peut s'intéresser aux :

- Arbres
- Feuilles
- Pierres
- Montagnes
- Etendue d'eau (lac, mer, ruisseau, etc.)
- Animal
- Etc.

Lors de l'écriture de haïkus, les sens sont très présents. Pour parler de vos sentiments face à la nature ou à une saison qui vous touche, appuyez-vous sur l'un de ces sens afin de décrire ce que vous ressentez. Cela ajoutera en poésie.
Pour placer le haïku dans l'immédiateté, il est conseillé d'utiliser le présent, plutôt que le passé.
En principe, vous devez décrire un élément, un sentiment en trois lignes seulement. Il vaut mieux alors aller à l'essentiel, sans se perdre dans des considérations complexes.

Vous vous sentez libre quand vous écrivez des haïkus, car cette forme poétique autorise une certaine liberté de ton. On peut se laisser aller à un peu de fantaisie et d'humour.
Traditionnellement, le haïku ne comporte aucune ponctuation. On trouve simplement une majuscule au début du poème.
Pour donner de la force au haïku, on peut le terminer sur une note surprenante ou intrigante. Cela permettra de laisser une forte impression chez le lecteur.
Le haïku a la tradition de se lire à voix haute. Cela permet de compter les syllabes, mais aussi de vérifier que l'enchaînement des mots et des trois lignes se fait naturellement.

Le haïku permet d'aborder la poésie plus simplement pour les gens qui auraient de s'y frotter. L'avantage du haïku est qu'il est simple à appréhender.

De plus, réfléchir à la nature environnante, aux saisons qui passent est un moyen de méditer et de profiter de l'instant présent. Entre nous, on prend rarement le temps de le faire.

Après avoir écrit des haïkus, on se sent plus détendu, plus calme. On voit la vie sous un autre angle. C'est donc bien un moyen d'en apprendre plus sur soi.

De surcroît, le haïku permet de s'évader de son quotidien, tout en libérant des émotions et des sentiments. Car, pour se sentir bien dans sa vie, il convient de se libérer de ce qui est enfoui en nous. Le haïku peut aider à mieux vous connaître.

Conclusion

J'espère qu'à travers ces 10 points, à la façon de **Georges Perec** et de **Roland Barthes,** vous serez parvenu à vous connaître un peu plus, un peu mieux. Du moins, vous aurez commencé la démarche et c'est louable de votre part.
Vous avez commencé à amorcer le changement en vous et dans votre vie. Je vous souhaite, très sincèrement, d'atteindre ce que vous désirez, au plus profond de vous.

Pour peaufiner le travail sur vous-même déjà entamé, je vous propose 5 questions, pour conclure, auxquelles vous prendrez le temps de répondre.

Prenez 20 minutes pour répondre à chaque question, au calme. Répondez-y en toute honnêteté. Prenez le temps de réfléchir au sens profond de chaque question.

1. **Quelle chose rêvez-vous de faire par-dessus tout ?**
   - Pourquoi ne pas l'avoir déjà réalisée ?

2. **Pourquoi avez-vous peur de commettre des erreurs ?**

- Ne pensez-vous pas que nous apprenons en faisant des erreurs ?

3. Est-ce que vos plus grandes peurs se sont déjà réalisées ?
- Sont-elles vraiment vos peurs ou celles de votre entourage ou de la société ?

4. Pourriez-vous être votre ami ?
- Pour quelles raisons, quelle que soit la réponse ?

5. Qui serez-vous dans 5 ans ?
- Vous sentez-vous capable de vous projeter dans l'avenir ?

Le plus important dans la vie de chacune et de chacun, n'est-il pas d'avoir une vie épanouie et accomplie ?
Acceptez la réalité, votre réalité du moment.
Gardez confiance en vous, vous pouvez faire évoluer chaque pan de votre vie. Cherchez la force à l'intérieur de vous-même.

Le changement commencera par vous. Seulement par vous. Prenez le temps d'approfondir votre personnalité, par tous les moyens possibles. Prenez soin de votre mental. Travaillez votre énergie par la pratique qui vous convient. Gardez l'esprit ouvert et curieux.

Enrichissez-vous en permanence. Apprenez sans vous arrêter. Formez-vous. N'attendez pas d'être prêt pour **OSER CHANGER**. On ne l'est jamais tout à fait !
Je vous souhaite tout le meilleur possible dans votre vie à venir !

LAURENCE SMITS

Remerciements

C'est important pour moi de prendre le temps de remercier des personnes qui me sont chères.
Merci à mon compagnon de route **François** pour son soutien infaillible. Il m'a offert un bureau magnifique, lieu où je puise mon inspiration.

Merci à mon fils aîné **Thibault** pour sa précieuse aide dans le labyrinthe d'Internet et ses précieux conseils.
Merci à mon fils cadet **Robin** de toujours me soutenir moralement.
Merci au **programme Spark** que j'ai suivi en 2020-2021 et à son fondateur, **Franck Nicolas**, pour m'avoir autant éclairée et m'avoir transformée en profondeur.

Merci à mes **parents**, des supporters de la première heure.
Merci à ma petite maman chérie **Lucette** de m'avoir fait aimer les livres, qui nous a brutalement quittés en 2022.
Merci à mon père **Jacques** pour m'avoir montré le chemin de la ténacité.

Merci à toutes mes lectrices et à tous mes lecteurs qui me suivent fidèlement à travers mon blog, **LA PLUME DE LAURENCE**. Ils me donnent la force de poursuivre mon travail d'écriture par leurs encouragements et leur fidélité.

Merci à vous chères lectrices et lecteurs de ce livre.
Vous m'apportez plus que vous ne le croyez en me faisant confiance.

Merci à toutes les personnes qui œuvrent dans l'ombre pour que les livres existent.

A toutes et tous, je vous souhaite le meilleur.

Table des matières

Introduction 3
Qui-suis-je ? 5
Qui était Georges Perec ? 7
Qui était Roland Barthes ? 10
Point 1 selon Perec : raconter un souvenir à partir d'une photo de son enfance 12
Point 2 selon Perec : les choses à faire avant de mourir 17
Point 3 selon Perec : « je me souviens … » 25
Point 4 selon Perec : les lieux plus ou moins insolites où on a dormi 30
Point 5 selon Perec : parler de soi avec des verbes à l'infinitif 39
Point 6 selon Perec : faire l'inventaire de sa vie .. 43
Point 7 selon Barthes : j'aime/je n'aime pas 46
Point 8 selon Barthes : écrire des anamnèses 50
Point 9 selon Barthes : évoquer sa vie à partir de 2 photos 56
Point 10 selon Barthes : écrire des haïkus 62
Conclusion 68
Remerciements 71

© 2023, Laurence Smits
Édition : BoD – Books on Demand, info@bod.fr
Impression : BoD – Books on Demand,
In de Tarpen 42, Norderstedt (Allemagne)
Impression à la demande
ISBN : 978-2-3220-9996-2
Dépôt légal : Février 2023